Amazon Echo

Das umfangreichstes Handbuch für Alexa, Echo 2, Echo Show, Echo Plus, Fire TV, Echo Connect & Echo Buttons: Schritt für Schritt Anleitungen, Einstellung, Skills & Lustiges - Version 2018

Dies ist ein inoffizieller Ratgeber.

Inhaltsverzeichnis

Vorwort

Alexa ist die Sprachsteuerung vom Internetmogul Amazon, die insbesondere mit Amazon-Geräten, wie Echo oder auch Amazon Echo Dot harmoniert und daher auch oft mit ihnen gemeinsam vertrieben wird. Alexa hat sowohl Fans, als auch Skeptiker zu verzeichnen - umso wichtiger ist es, mit Alexa und dem Amazon Echo so gut umzugehen, dass alle Funktionen perfekt genutzt und eventuelle Nachteile so gering wie möglich gehalten werden. Zu Alexa´s Geschichte in Deutschland lässt sich sagen, dass Alexa, vor allem mit Echo Dot, seit 2016 in Deutschland zu kaufen ist. Echo Dot hat die ungefähre Größe eines Eishockey Pucks und ist somit kleiner als Echo, bei dem der Lautsprecher größer ist. Ab November 2017 wird Echo und Echo Dot um Echo Show ergänzt.

Grundsätzliche Verwendung des Systems

Um Amazon Echo, was ab November 2017 "Echo Show" heißen wird, in seinem ganzen Umfang verstehen und nutzen zu können, sei erst einmal Alexa als Ganzes erklärt. Amazon Alexa ist die wohl modernste Technik für Sprachbefehle und deren Ausführung. Wie schon aus alten Science-Fiction-Filmen und -Serien bekannt und beliebt, brachten schon dort Befehle nur mit der Sprache ganze Raumschiffe zum Fliegen, Türen dazu, sich zu öffnen oder Raketen dazu, die Startposition einzunehmen. Aber nicht nur aus Filmen und Serien sind uns Sprachbefehle bekannt - bereits Lichtanlagen, Fernsehgeräte und andere technische Geräte reagieren heutzutage auf unsere Stimme, wenn gewünscht. Genau diese technische Finesse hat sich Amazon zunutze gemacht und Alexa auf den Markt gebracht.

Doch was ist genau Alexa Echo?

Mit Amazon Alexa Echo erwirbt ein Käufer einen eigenen Assistenten in digitaler Form, der durch Schnittstellen eine direkte Verbindung zu unterschiedlichen Internetdiensten aufweist. Die Sprachsteuerung Alexa reagiert auf Befehle wie "Amazon", "Alexa", "Echo" oder "Computer", aber auch durch Betätigung der Aktionstaste, die sich am Gerät befindet.
Alexa Echo ist also das Update der "bloßen Alexa" und somit ein Audio-Gerät, was von Amazon entwickelt wurde. Amazon Alexa Echo beinhaltet einen Lautsprecher sowie sieben Mikrofone. Seit dem Sommer 2015 in den USA und seit dem Herbst 2016 in Deutschland bekannt, ist Alexa Echo auf dem Markt heiß begehrt und wurde ohne Lautsprecher unter dem Namen "Amazon Echo Dot" verkauft. In dem Amazon Echo befinden sich die sieben Mikrofone, die den Zuruf auch aus etwas weiterer Ferne ermöglichen. Der User kann sich das Wort, mit dem Alexa aktiviert wird, auch selbst aussuchen und am Anfang der Bedienung einstellen. Wird dann dieses Wort ausgesprochen,

fängt "die schöne Alexa" an, die zugerufenen Befehle auch umzusetzen. Mit WLAN oder Bluetooth können dann zusätzlich noch andere Geräte eingebunden werden.

Und was ist nun Amazon Echo / Echo Dot?

Amazon Echo Dot verfügt über einen Lautsprecher und ist etwas kleiner als das Amazon Echo. Das sprachgesteuerte Gerät kann über Bluetooth oder ein Stereokabel mit Kopfhörern oder Lautsprechern verbunden werden, um beispielsweise Stereosound zu schaffen. Echo Dot ermöglicht das Abspielen von Musik, gibt Nachrichten preis, kann Wettervorhersagen präsentieren oder auch andere Neuigkeiten bekanntgeben. Der Besitzer eines Echo Dot Gerätes kann zudem auch Alexa darum bitten, Produkte zu bestellen oder vorzumerken. Das Besondere an der Dot Variante ist vor allem, dass die Sprachbefehle sogar bei hoher Geräuschkulisse oder aus weiter Entfernung verstanden werden. Mit ESP, also Echo Spatial Perception, können sogar mehrere Echo oder Echo Dots betrieben werden und das am nächsten befindliche Echo reagiert dann auf den Zuruf.

Amazon Echo Dot ist nicht nur praktisch, sondern sieht auch elegant aus und kann somit ideal in die Wohnkullise integriert werden. Egal, ob mit dem

Echo Dot das Licht ein- oder ausgeschaltet, Musik abgespielt oder auch ein Timer oder ein Wecker gestellt werden soll - das Gerät von Amazon reagiert sogar dann, wenn Musik im Hintergrund läuft oder andere Geräusche das Verstehen erschweren könnten. Soll es die eigene gewünschte Musik sein, die abgespielt werden soll, kann mit einem Sprachbefehl durch Amazon Echo Dot auch Amazon Musik gesteuert werden. Eine einfache Frage nach einem Lied oder einem bestimmten Künstler oder sogar einer ganzen Playlist kann ausreichen, damit Alexa die gewünschte Musik auswählt und abspielt. Millionen von Songs können abgespielt werden und sogar Hörspiele oder Live Sport können übertragen werden. Außerdem ist es möglich mit Amazon Echo Dot die Apps TuneIn oder Spotify mit der eigenen Stimme zu bedienen. Des Weiteren lässt sich Echo Dot für Smart Home Geräte wie Thermostate oder Lampen einsetzen.

Amazon Echo Dot besitzt einen leuchtenden Lichtring, sieben Mikrofone und eine Fernfeld Spracherkennung. Die Mikrofone besitzen zudem eine zuverlässige Richtstrahltechnologie und auch eine Unterdrückung für Geräusche. Die dazugehörige Cloud ermöglicht außerdem eine automatische Aktualisierung und wird von Alexa synchronisiert. Alexa ist sozusagen das Gehirn des Gerätes und speichert sogar Gewohnheiten, Worte und Vorlieben ab, um daraufhin die eigenen Prozesse optimieren zu können. Alexa merkt sich die Fragen des Users und reagiert auf dessen Worte - eben wie eine persönliche Assistentin. Zudem können stetig Fähigkeiten und Skills hinzugefügt werden, die noch mehr Komfort bringen, wie beispielsweise Taxi-Buchungen, Rezeptspeicherungen oder auch das Abspeichern von persönlichen Notizen. Die dazugehörige Alexa App, die dem User die Verwaltung und auch die Einrichtung ermöglicht, ist mit Android, Fire OS, Desktopbrowsern oder auch iOs kompatibel. Mit Alexa und den passendem Echo oder Echo Dot können neben Musik und Sport News auch andere Dienste, wie Spotify, der Google Kalender, die Bedienung von Smart Home Geräten, Innogy, die Audible Bibliothek oder auch einfache To Do- oder Einkaufslisten genutzt werden. Die Alexa App bietet also für jeden Bedarf das Richtige und passt sich immer ihrem Besitzer an. Sie begleitet ihn sozusagen durch das Leben und speichert zusätzlich dessen Bedürfnisse und Ansprüche ab, um diese dann fortwährend befriedigen zu können. Es können sogar die Mikrofone ausgeschaltet werden, indem der User des Echo Dot´s oder des Echo´s die Mute Taste betätigt und das Gerät dazu bringt, rot zu leuchten. Die blaue Leuchte signalisiert die Aktivität der Echo Geräte und zeigt somit an, dass der Raum, in dem sich Amazon Echo oder Amazon Echo Dot sich befinden, abgehört wird. Soll also einmal nicht von Alexa zugehört und keine Befehle ausgeführt werden, muss das Echo Gerät nur auf "Stumm" geschaltet werden.

Was kann mein Amazon Echo oder Echo Dot eigentlich alles?

Der Marketplace, der Ort, an dem die gewünschten Skills gespeichert werden, dient dazu, die Limit überschreitende Anzahl an Skills über Drittanbieter dennoch hinzufügen zu können. Ist ein Echo oder Echo Dot nämlich ohne Skill Erweiterung vorhanden, sind die Funktionen, die ausgeführt werden können, in der Anzahl begrenzt. Der Marketplace ermöglicht daher dem Benutzer, die Skills und Funktionen, die über diese Begrenzung hinausgehen, hinzuzufügen. Somit wird nicht nur Musik abgespielt oder der Wecker aktiviert, sondern auch Zusatzfunktionen, wie die Bedienung der Smart Home Geräte oder auch die Tätigung von Bankgeschäften, werden ermöglicht. Wirft man einen Blick auf die USA, lassen sich über 3000 Skills erblicken, die gerade einmal nur der Kommunikation mit Drittanbietern dienen. Die Alexa App macht es dem User einfach, die zusätzlichen Skills auszuführen, denn ein Sprachbefehl genügt und die Ausführung erfolgt. In Deutschland sind aktuell ungefähr 500 Skills vorhanden. Diese Funktionen, also die sogenannten Skills, kommen aus Bereichen wie Spielen, Bildung oder auch News. Alle Skills werden gemeinsam von oder mit Drittanbietern konzipiert und sollen Kunden die besten Services zu eigenen Produkten und Dienstleistungen bieten. Ein Skill ermöglicht sozusagen die

Spracherkennung im Alexa bezüglich eines Produktes oder einer Dienstleistung wie zum Beispiel das eigene Auto, Zeitschriften oder auch Verkehrsauskünfte.

Diverse Partnerfirmen, wie Spiegel Online, die Deutsche Bahn, BMW oder auch Fußball Apps, haben sich bereits für eine Kooperation mit Alexa entschieden. Dadurch ist es Nutzern von Alexa möglich, das Auto aus der Ferne zu betätigen, Bahnkarten zu buchen oder auch Fußballergebnisse abzurufen - alles mit einem einfachen Sprachbefehl. Sogar ganze Lichtanlagen und Haustechniken lassen sich mit der flexiblen Alexa steuern. Zudem lassen sich auch Fernseh Set-Up-Boxen oder auch Boxen von Alexa bedienen, sodass der nächste Film oder die Lieblingssendung nur mit bloßem Sprachbefehl aufgenommen oder abgespielt werden können. Die Amerikaner sind schon so weit, dass sogar Pizza per Sprachbefehl ins Haus geliefert wird. Natürlich lässt es sich der Hersteller Amazon nicht nehmen, seine Alexa auch mit Amazon Prime in Verbindung zu bringen. Somit können Benutzer von Alexa Echo und Alexa Echo Dot, die auch Amazon Prime Kunden sind, per Spracheingabe Produkte in den Warenkorb verschieben, sie vormerken oder gar gleich bestellen. Auch das Stornieren eines Produkts über Amazon Prime kann dann per Spracheingabe vorgenommen werden. Amerikanische Amazon Prime Kunden erhielten sogar das Echo vor allen anderen Käufern.

Das Echo Dot kann ein bißchen mehr als das Echo und ist auch etwas platzsparender. Das Echo Dot besitzt WLAN, Bluetooth und einen kleinen Prozessor sowie die bereits erwähnten sieben Mikrofone mit Lautsprechern, die sehr sensibel auf Sprachbefehle reagieren können.
Der cloudbasierte Sprachdienst ermöglicht die Sprachsteuerung, die Alexa ausmacht. Diese Sprachsteuerung ist "allzeit bereit" und reagiert auch die eingestellten Ativierungsworte. Wird das Wort ausgesprochen, startet eine Aufzeichnung für mehrere Sekunden. Durch das WLAN werden dann die aufgezeichneten Worte an den Server von Amazon übertragen und verarbeitet. Idealerweise wird dann festgestellt, dass das eingesprochene Wort oder der eingesprochene Satz einem Alexa Befehl entspricht, wird Alexa aktiv und setzt den Befehl um. Genau dann werden Lichtsteuerung oder das Abspielen von Musik gestartet und nahezu jeder Wunsch wird erfüllt. Ein Nutzer von Alexa mit Echo Dot kann also beispielsweise sagen "Alexa, schalte mein Licht ein", "Alexa, wo ist gerade Stau auf der A11?" odern "Alexa, spiele mir meinen Lieblingssong vor" und Alexa reagiert unverzüglich.

So bediene ich Echo - Schritt für Schritt

Jedes Echo oder Echo Dot wird immer mit dem Netzteil, einem Ladekabel mit USB Anschluss und einer Anleitung verkauft. Zudem verfügt das Echo Dot über die sieben Mikrofone und eine Möglichkeit, Lautsprecher oder eine Musikanlage anzuschließen. Auch die Verbindung mit diesen externen Geräten per Bluetooth ist durch das eingebaute Bluetooth Modul möglich. Das Echo Dot verfügt auf der oberen Seite über eine Taste, die sogenannte Aktionstaste, Lautstärkeregelungen und eine "Stumm Taste". Installiert wird Alexa mit Echo oder Echo Dot unkompliziert und schnell:

- Netzteil in die Steckdose
- sobald der blau leuchtende Ring orange/gelb wird, Alexa App auf dem Smartphone oder dem Tablet installieren
- App einrichten
- Alexa kennenlernen

Alexa App mit Echo verbinden - so geht´s!

Die Alexa App ist kostenfrei und kann auf iOS sowie Android Geräten installiert werden. Es gibt aber auch eine Variante für den Computer. Nach der Erstinstallation kann über den Menüpunkt "Einstellungen" innerhalb der Alexa App, ein neues Gerät eingerichtet werden. An diesem Punkt muss der Nutzer auswählen, ob Alexa mit einem Echo, einem Echo Dot oder einem Tap genutzt werden soll. Nach Auswählen des Gerätes, wird dann die

Sprachauswahl angeboten. Der Amazon Tap ist ein Bluetooth Lautsprecher, der mobil benutzt werden kann und die Sprachsteuerung durch Alexa ermöglicht.

Ist nun über die "Einstellungen" Echo oder Echo Dot gewählt, kann die Einrichtung erst richtig beginnen. Jetzt wird der Menüpunkt "mit WLAN verbinden" ausgewählt und ein anschließend orange leuchtender Lichtring signalisiert die korrekte Aktivierung. Leuchtet der Ring nicht in orangener Farbe, kann einem Link gefolgt und dann die Taste auf dem Echo gedrückt werden. Danach sollte der Lichtring nun orange leuchten. An diesem Punkt verbindet sich nun Echo Dot mit der App. Bei Nichtverbinden von App mit Echo Dot, kann eine manuelle Verbindung hergestellt werden, indem auf dem entsprechenden Gerät, auf dem die App installiert ist, die verfügbaren WLAN Netzwerke angezeigt werden. Ein Amazon-xxx Netzwerk sollte hier erscheinen und für eine WLAN Verbindung ausgewählt werden. Jetzt sollte eine Verbindung zwischen App und Engerät bestehen. Es ist genauso möglich, beim Echo per App nach WLAN Netzwerken zu suchen, das eigene WLAN Netzwerk auszuwählen und mit dem eingegebenen Kennwort eine Verbindung herzustellen. Sobald eine WLAN Verbindung hergestellt wurde, fragt die App automatisch nach der Nutzungsweise. Jetzt kann entschieden werden, ob Echo per Audiokabel, per Bluetooth oder auch ohne Lautsprecher genutzt werden soll.

Möchte der Nutzer nun Echo Dot mit einer Musikanlage verbinden, kann er einfach das Audiokabel anschließen. Ein vorhandenes Video innerhalb der App ermöglicht außerdem im Anschluss eine Überprufung aller durchgeführten Schritte.

First contact mit Alexa

Nach Einrichtung von Echo Dot, ist die Nutzung sofort möglich. Doch was will Alexa jetzt eigentlich hören? Wer Alexa mit oder ohne Echo oder Echo Dot noch nie getestet hat, hat eventuell noch keine Vorstellung, was genau Alexa eigentlich hören will, um Befehle auch korrekt ausführen zu können. Daher hier einige Beispiele, auf welche Spracheingaben Alexa reagieren würde:

"*Alexa, spiele für mich irgendeinen Song von Michael Jackson ab.*"

"*Alexa, wie viele Termine habe ich heute noch?*"

"*Alexa, setze Batterien auf meine Einkaufsliste.*"

"*Alexa, nenne mir die aktuellen Spielergebnisse der Champions League*".

Dies sind nur einige Beispiele für Befehle, die ein Benutzer Alexa geben könnte.

Der erste Kontakt ist meist der Unterhaltsamste: die ersten Fragen nach dem Wetter, Alexa´s Aussehen oder zu ihrer nicht vorhandenen Gefühlswelt sind meist der Start in die weite Welt von Alexa. Jedoch ist die Belustigung natürlich nicht der Hauptgrund, weshalb sich jemand für

Alexa und Echo entscheidet. Daher können und sollten nun ernsthafte Fragen oder Befehle zur Sprache gebracht werden und zum Beispiel Musikwünsche finden nun Gehör. Sollte mal ein Song nicht kostenlos zur Verfügung stellen, teilt Alexa dies mit und ermöglicht jedoch Hörproben. Zudem bietet Alexa dann an, kostenpflichtig Zugang zu allen Songs durch Amazon Music zu erhalten. Es ist aber ziemlich einfach möglich, versehentliche kostenpflichtige Käufe ganz zu vermeiden, indem im Menü Spracheinkäufe einfach komplett deaktiviert werden. Zudem kann ein mehrstelliger Code eingerichtet werden, der wiederum Spracheinkäufe ermöglichen kann.

Über die Alexa App können auch Musikdienste als Standard eingestellt werden, wenn bereits solche vorhanden sind. Egal, ob Spotify, Amazon Music oder Tuneln - ein einfaches Auswählen des Menüpunkts "Konten" reicht und Musik und Medien können standardmäßig eingestellt werden. Amazon Prime Kunden können außerdem kostenlos auf Musik zugreifen, die von Amazon angeboten wird. Echo Dot ist im Bereich Musik wirklich gut ausgestattet und der Sound überrascht zudem in der Klangqualität. Durch Sprachbefehle oder die angebrachten Tasten kann die Lautstärke jederzeit verändert werden. Neben Musik bietet Alexa und Echo auch Hörbücher, die von Audible bereitgestellt werden. Dazu sei gesagt, dass es vor Anhören der Hörbücher über Audible notwendig ist, diese Dienst mit Amazon zu verbinden. Dazu kann sich einfach bei Audible eingeloggt und die Verbindung zu Amazon hergestellt werden. Nun können die gewünschten Hörbücher per Auswahl des entsprechenden Menüpunkts oder auch einfach durch Sprachbefehl abgespielt werden. Es ist hier auch möglich durch Worte wie "vor" oder "zurück" das Abspielen der Hörbücher zu steuern.

Wer nun Alexa und Echo aber nicht nur zur Unterhaltung, sondern auch als nützlichen Helfer nutzen möchte, kann mit Alexa und Echo auch die Kalenderfunktion für sich entdecken. Alexa ist in der Lage, Termine vorzulesen, zu speichern oder auch zu löschen. Hierfür arbeitet Alexa mit Drittanbietern wie Outlook oder Google. Über die "Einstellungen" innerhalb der App, können die Kalender aller Anbieter aktiviert oder auf Wunsch auch deaktiviert werden. Bei aktivierten Kalenderfunktionen, muss nur noch der passende Sprachbefehl gegeben werden und Kalendereinträge werden gespeichert, verändert oder vorgelesen. Soll Alexa einmal an einen Termin erinnern oder auch den Benutzer morgens wecken, kann auch diese Funktion gewählt werden. Eingestellte Töne können somit zu gewünschten Zeitpunkten abgespielt werden.

Neben der Kalenderfunktion, gibt es dann auch noch die aus der Werbung bekannte "Einkaufsliste". Diese Funktion kann wirklich nützlich sein, wenn sie richtig bedient wird. Das

Tolle an der Einkaufsliste ist vor allem die gleichzeitige Abspeicherung in der App auf dem Smartphone oder dem Tablet. Somit ist die Einkaufsliste nicht nur abrufbar, hörbar und per Sprachbefehl vorlesbar, sondern auch auf dem Handy ablesbar und im Worst Case sogar "ausdruckbar". Wichtig ist jedoch zu wissen, dass jeder Nutzer der Einkaufsliste sicherstellen sollte, im jeweiligen Supermarkt, in dem er die Liste dann abarbeiten möchte, auch genügend Datenvolumen zu haben. Ist nämlich die Datenverbindung zu gering, wird die Liste nicht abgerufen und die ganze Liste bringt nichts mehr, denn dann wird ohne diese der Einkauf erfolgen müssen. Mindestens genauso nützlich wie die Einkaufsliste ist die Möglichkeit, Alexa nach dem Weg zur Arbeit, der Verkehrslage oder dem Wetter zu fragen. Kurze Wege mit Auto oder zu Fuß, staugefährdete Strecken und Unwetterwarnungen können dadurch von Alexa vorgetragen werden.

Let the show begin - bald ist es soweit!

Ab November 2017 wird es "Echo Show" geben, welches über eine Kamera und sogar ein Display verfügen wird. Somit wird es den ersten Echo Lautsprecher von Amazon mit Display geben. Der Bildschirm ermöglicht das Abspielen von Videos, zeigt das Wetter oder Einkaufslisten an und funktioniert zudem als Gegensprechanlage. Der Bildschirm hat eine Größe von sieben Zoll und macht es beispielsweise Geschäftsleuten möglich, kurze Instruktionen per Video zu geben. Der Lautsprecher des Echo Show Gerätes wird genauso funktionieren, wie bei den anderen Echo Geräten und Sprachkommandos werden auch wie üblich entgegengenommen. Echo Show soll weiterhin auch bei hoher Geräuschkulisse einwandfrei Befehle verstehen und der dazugehörige Display wird als zusätzliche Informationsanzeige dienen. Mit dem Echo Show können Alexa Echo Nutzer nicht mehr nur Befehle per Sprachaufzeichnung aufgegeben und umgesetzt, sondern auch noch zusätzlich visuell dargestellt werden. Echo Show ermöglicht sogar kurze Meetings zwischen zwei Alexa Echo Show Nutzern, knappe Video Botschaften mit wichtigen Informationen oder auch eine schöne Dia Show der Lieblingsbilder.

Echo Show bietet also einiges im Bereich der Kommunikation. Mit Echo Show werden Videotelefonate und sogar Anrufe auf Echo Geräten möglich sein. Sogar Nachrichten in Textform können dann versendet werden. Zudem können zwei Lautsprecher als Gegensprechanlage dienen und speziell auf den Echo Show angepasste Skills werden auch bald folgen. Echo Show wird eine Kombination aus Tablet und dem Echo sein und alle bisherigen Alexa Funktionen werden vereint. Sprachbefehle wie Fire TV, Echo Dot oder Echo werden dann alle gegeben werden können. Somit bietet Echo Show die Möglichkeit, sich zwischen der bloßen Informationsabfrage, wie die Frage nach Wetter oder Terminen, oder aber der Ausführung von Skills zu entscheiden. So lässt sich Echo Show weiterhin zum Bedienen der Lichtanlagen oder für das Buchen von Diensten, aber auch für simple Anfragen nutzen, die der Informationsbeschaffung dienen sollen. Des Weiteren wird Echo Show Videos aufnehmen und Dienste von Amazon auf dem Display wiedergeben können. Auch Streaming Dienste, wie Live TV oder Fußball Ticker, werden verfügbar sein. Echo Show lässt sich zusätzlich als Messenger für Videos oder auch als Babyphone einsetzen. Das erste Echo Display zeigt zudem gewünschte Nachrichten, Bilder, Texte, Cam Bilder, Listen oder Notizen. Die Dolby Lautsprecher sorgen für guten Ton und die Geräuschunterdrückung, die Fernfeld Technologie und die Richtstrahltechnologie für die Qualität.

Zusammengefasst lässt sich Echo Show also als eine Kombination aller bisherigen Echo Geräte beschreiben, die zudem aber noch zusätzliche Highlights anbietet, die es bisher nicht gab. Insbesondere die neuen Kommunikationsvorteile, die nun hinzukommen, werden viele Echo Fans begeistern. Das Echo Show kann für ungefähr 310-320 Euro und mit weißem oder schwarzem Gehäuse gekauft werden.

Echo Show bringt aber nicht nur ein Display als Neuerung mit, sondern auch die Alexa App und die generelle Software sollen Verbesserung bringen. Da bisher Musik bei den Vorgängern nicht synchron abgespielt werden konnten, soll das neue Update Musik sowohl von Echo als auch Echo Dot kontrolliert abspielen. Zudem soll es ermöglicht werden, dass Musik in einem bestimmten Raum zu hören sein wird. Wirkliches Highlight ist in jedem Falle die neue Funktion, die das Echo Show zu einer Gegensprechanlage macht. Viele Amazon Echo Fans haben schon lange auf diese Möglichkeit gewartet. Diese Sprechanlage vereint alle bisherigen Arten von Lautsprechern inklusive der verschiedenen Sprachfunktionen, wie Echo, Echo Dot und Echo Show. Jedes Echo Gerät kann somit einen Namen zugeteilt bekommen, wie beispielsweise "Echo Küche", was wiederum möglich macht, durch einen Zuruf wie "Amazon ruf die Küche an!", ein anderes Gerät in einem anderen Raum anzurufen. Es ist auch möglich diese Funktion beispielsweise zu nutzen, um die eigenen Kinder im Kinderzimmer zum Essen zu rufen oder eine kurze Info an ein Echo Gerät im Garten zu geben. Bei der nächsten Grill Party ist es dann nicht mehr nötig, von der Küche wieder hinaus in den Garten zu gehen, um zu fragen, ob noch Getränke dort sind, sondern ein einfacher Anruf auf dem zweiten Echo Gerät genügt und die Frage kann über das Gerät gestellt werden.

Amazon hat durch neuere Updates das Problem gelöst, dass insbesondere Menschen mit Akzent oder Dialekt kaum Informationen erhielten. Mit den neuesten Echo Versionen wird es kaum noch

Sprachsteuerungsprobleme geben, da Amazon diesen Punkt deutlich verbessert hat. Der sieben Zoll Display und die Dolby Klangverbesserung sind ebenfalls neue Verbesserungen, die es mit dem Echo Show geben wird. Eine Kamera mit fünf Megapixeln für die Video Telefonie und für das Schießen von Fotos kommt ebenfalls neu hinzu. Die Kamera macht Alexa zum Styling Experten, denn es wird mit Echo Show möglich sein, von Alexa Hilfe bei der Kleiderwahl zu erhalten. Die Kamera macht es Alexa somit möglich, Looks zu erkennen und per Sprachbefehl davon Fotos zu machen. Künstliche Intelligenz soll dann den Style Check perfekt machen und sogar die Wahl zwischen zwei Outfits erleichtern. Mit dem Echo und der intelligenten Alexa wird es dann möglich sein, sich vor die Kamera zu stellen oder ein Foto von sich zu machen und Alexa "nach ihrer Meinung zu fragen". Alexa gibt dann Verbesserungsvorschläge und zählt Alternativen auf.

Echo Show visualisiert im Grunde die altbewährte Alexa Funktion und sogar Ikea und DHL ließen sich davon begeistern und wurden neue Drittanbieter. Nun lassen sich also sogar DHL oder DPD Verfolgungsnummern für Pakete eingeben! Auch "Smart Home" profitiert von dem neuen Alexa Echo Modell, sodass Alexa mit Echo Show Heizungen, Lichtanlagen oder die Klimaanlage steuern können wird.

Im Bereich Sicherheit muss sich jedenfalls niemand Sorgen machen. Unabhängige Labore, die Echo Geräte getestet haben, sahen sich den Prozess von Spracheingabe über Verarbeitung bishin zur Weitergabe an Server in Amerika an. Dabei wurde deutlich festgestellt, dass alle Übertragungen an die Server mit sicherer Verschlüsselung erfolgen und es keine Schwachstellen oder Lüchen zu verzeichnen gäbe. Einziger Kritikpunkt war lediglich die Zusammenarbeit mit Drittanbietern, was den Datenschutz angehe. Hier wurde darauf hingewiesen, dass Amazon sicherstellen sollte, dass Drittanbieter die übertragenen Daten nicht missbrauchen können sollten. Zudem werden alle Sprachbefehle dauerhaft in der Cloud von Amazon gespeichert, was für die Optimierung der Erkennung gedacht ist. Die Löschung dieser bisher durchgeführten Sprachbefehle ist im Profil durch die App zwar möglich, würde aber wiederum den Lernprozess und die kontinuierliche Verbesserung der Spracherkennung durch Alexa verschlechtern.

Speziell Echo Show ist vor allem für die Steuerung von Fire TVs und Smart Home Geräten lobend zu erwähnen. Es sei jedoch auch gesagt, dass es leider noch keine Notruf Funktion gebe und Anrufe an nicht gespeicherte Kontakte nicht möglich seien. Zudem sei das Zusammenspiel mit anderen Geräten, wie dem Smartphone, noch nicht optimal. Auch der Sound könnte noch so einige Optimierung vertragen.

Im Bereich der Hardware gibt es nicht allzu große Veränderungen zu verzeichnen, im Bereich der Intelligenz macht Alexa jedoch immer weiter Fortschritte. Leider ist aber auch das Echo Show nicht in der Lage, externe Soundsysteme als Kontrollstation zu nutzen, was der ein oder andere Nutzer gehofft hat. Generell ist die ganze Integration und Synchronisation wie auch mit dem Smartphone noch ausbaufähig. Zum Beispiel sollte es noch Funktionen wie das Erfragen eines PINs geben, sodass das Vorlesen von Nachrichten aus dem Smartphone sicherer wird. Leider reagiert die Alexa Sprachsteuerung auch weiterhin im Bereich der Kalendertermine nur auf Anfrage und zählt immer alle Termine auf. Es ist auch keine Benachrichtigung per Ton als Erinnerung an einen Termin zu einer bestimmten Zeit möglich. Des Weiteren fehlt die Funktion, Produkte, die sich auf der Einkaufsliste befinden, wieder löschen zu können. Sobald ein Punkt auf der Liste entfernt werden soll, bittet Alexa den Benutzer die dazugehörige App zu öffnen. Ein letzter Punkt, der noch zu optimieren wäre, ist das Abspielen von Youtube Videos auf dem neuen Echo Show Display. Youtube steckt dazu noch in Verhandlungen mit Amazon - aktuell werden die Videos jedoch nicht gezeigt.

Fire TV

Wer Alexa mag und Amazon Fire TV liebt, wird sich nun besonders freuen. Die Sprachsteuerung durch Alexa ist insbesondere im Zusammenspiel mit Fire TV wirklich großartig. Befehle wie "Starte Netflix" unterstützen den Nutzer von beiden Diensten erheblich. Es gibt sogar bereits einige Fire TV Geräte, auf denen Amazon und Alexa vorinstalliert sind. Es wird nun möglich, durch einfache Sprachbefehle Alexa zu bitten, den TV Eingang zu ändern oder eine neue Serie zu starten.

Echo Plus ist ein sprachgesteuerter Lautsprecher mit integriertem Smart Home-Hub. Der Alexa Voice Service lässt sich bequem mit Echo Plus verbinden und Musik kann abgespielt, Informationen abgerufen, Nachrichten abgehört oder Anrufe getätigt werden. Auch Wetter- oder Sportberichte können mit Sprachbefehl angehört werden. Das Echo Plus Gerät ermöglicht einen Klang, der mit 360 Grad im ganzen Raum zu hören ist. So wie die anderen Echo Geräte, lernt auch Echo Plus ständig dazu und kann unaufhörlich Skills erhalten. Das Besondere an Echo Plus ist jedoch der integrierte Smart Home-Hub, der Nutzern die Anwendung von Smart Home deutlich vereinfacht.

Smart Home Geräte können unkompliziert mit Echo Plus verbunden werden und Ausrufe wie "Alexa, nenne mir meine verbundenen Geräte" bringen die intelligente Alexa dazu, sogar die verbundenen Lampen aufzuzeigen. Echo Plus dient somit der Bedienung der Lichtanlagen im trauten Heim und schafft sogar morgendliche Wärme durch einen einfachen Sprachbefehl. Mit Echo Plus können Thermostate eingestellt und Lampen an- oder ausgeschaltet werden. Es ist zudem sogar möglich, Lampen und Heizungen gleichzeitig zu aktivieren, indem mehrere Tätigkeiten als Gruppierung ausgeführt werden.

Echo Plus verfügt über einen Woofer und Hochtonlautsprecher und bietet daher sogar Dolby Sound. Der klare Klang und die dynamischen Bässe machen Echo Plus aus und das Abspielen von Musik erfolgt in guter Qualität. Außerdem ist es mit Echo Plus möglich, andere Alexa Apps anzusprechen, andere Alexa Echo Geräte anzurufen und somit im ganzen Haus die Kommunikation noch einfacher zu gestalten. Echo Plus ist im Grunde Echo 2 - die 2. Generation, die über tausende Skills verfügt.

Ab dem Jahre 2018 werden die Echo Lautsprecher im Handumdrehen zu einem Festnetztelefon. Echo Connect wird ein Zubehör sein, welches aus Echo Lautsprechern hochwertige Telefone inklusive Freisprechfunktion für Festnetzanschlüsse machen wird. Dieses Zubehör wird mit klassischen Telefonleitungen und auch mit Voice over IP funktionieren. Es wird dann ebenfalls möglich sein, ohne Knopfdruck und nur mit Spracheingabe jeglichen Kontakt aus der vorliegenden Liste anzurufen. Die eigene Festnetznummer wird dabei sogar beim Anrufenden auf dem Display erscheinen. Sollte mal jemand aus der eigenen Kontaktliste bei einem zu Hause anrufen, meldet Alexa zudem auch, wer der Anrufer ist. Per Sprachbefehl kann das Gespräch dann entgegengenommen werden.

Ein weiteres Zubehör, was es bald für Echo Geräte zu kaufen geben wird, sind die "Echo Buttons". Diese "Spielerei" wird es für ca. 20 Euro im Doppelpack geben. Diese Buttons werden einfach per Bluetooth verbunden und ermöglichen Multiplayer Spiele wie "Beat the Intro", indem die Buttons wie Buzzer agieren. Auch Wissensspiele wie Trivial Pursuit können damit gespielt werden. Entwickler sollen zudem neue Erlebnisse schaffen, die die Echo Geräte noch mehr zur Unterhaltungselektronik werden lassen. Mit Gadgets sollen neue Erlebnisse ermöglicht werden und interaktive Spiele für Multiplayer sollen auf die Buttons abgestimmt werden.

Easter Eggs

Easter Eggs sind wohl die beliebtesten Fun Informationen für Technik Freaks. Doch was sind die sogenannten Easter Eggs eigentlich? Easter Eggs ist die Bezeichnung für versteckte Überraschungen in diversen Medien und technischen Bereichen. Am beliebtesten sind sie bei Gamern, da viele Entwickler diese Eggs in den Spielen verstecken und das Finden der Eggs ist bei manchen Usern schon richtig zum Sport geworden. Viele Spieleentwickler belohnen das Finden der Easter Eggs nämlich beispielsweise durch neue Geheimlevel oder zusätzliche Bonusaktionen. Unter Easter Eggs sind aber nicht nur versteckte Funktionen zu verstehen, sondern die Eggs können auch von Auftraggebern unbemerkt durch Entwickler und Programmierer eingebracht werden. Damit wollen sie sich meist eine geheime Signatur verschaffen und sich in gewissen Kreisen einen Namen machen.

Bekannt sind die "Oster Eier" durch Google oder auch Gewinnaktionen im Internet, jedoch gibt es sie auch bei Alexa en masse. Speziell auf der "emotionalen Ebene" hat Alexa so einiges an Lustigem zu bieten. Daher hier die lustigsten und überraschendsten Sätze, die zu Alexa in jedem Falle einmal von jedem Echo Besitzer gesagt werden sollten:

Alexa, was möchtest du werden wenn du groß bist?

Alexa bist du ein Vampir?

Alexa, magst du Eis?

Alexa, wie heißt das Zauberwort?

Alexa, jodel mal!

Alexa, party time!

Alexa, mach den Abwasch!
Alexa, gib mir Tiernamen.
Alexa, kannst du das riechen?
Alexa, belle wie ein Hund?
Alexa, was hältst du von Siri?
Alexa, wer hat an der Uhr gedreht?
Alexa, kannst du Beatboxen?
Alexa, Palim Palim
Alexa, was ist Liebe?
Alexa, glaubst du an Liebe auf den ersten Blick?
Alexa, gibt es UFOs?
Alexa, warum ist die Banane krumm?
Alexa, können Schweine fliegen?
Alexa, bist du ein Nerd?
Alexa, wie viel verdienst du?
Alexa, warum ist der Himmel blau?
Alexa, gibt es den Weihnachtsmann?
Alexa, wo wohnt der Weihnachtsmann?
Alexa, was wiegt die Erde?
Alexa, gibt es Gespenster?
Alexa, gibt es UFOs?
Alexa, gibt es Außerirdische?
Alexa, gibt es Elfen?

Alexa, wann geht die Welt unter?
Alexa, was ist die einsamste Zahl?
Alexa, ich mag dich.
Alexa, ich liebe dich.
Alexa, hast du einen Freund?
Alexa, gehst du mit mir aus?
Alexa, willst du meine Freundin sein?
Alexa, du vervollständigst mich.
Alexa, schön, dass es dich gibt.
Alexa, willst du mich heiraten?
Alexa, bist du verliebt?
Alexa, überrasche mich.
Alexa, magst du mich?
Alexa, du bist sexy.
Alexa, du bist hübsch.
Alexa, toll.
Alexa, du hast eine schöne Stimme.
Alexa, du bist mein Schatz.
Alexa, was hast du an?
Alexa, echt jetzt?
Alexa, du bist entlassen.
Alexa, du stinkst.
Alexa, blöde Kuh.

Alexa, du bist doof.
Alexa, du bist hässlich.
Alexa, bist du taub?
Alexa, du bist verrückt.
Alexa, du nervst.
Alexa, Scheiße.
Alexa, du kannst mich mal.
Alexa, noch so ein Spruch, Kieferbruch.
Alexa, noch so ein Gag, Zähne weg.
Alexa, noch so ein Ding, Augenring.
Alexa, was ist dein Problem?
Alexa, was soll ich anziehen?
Alexa, sag mir die Wahrheit.
Alexa, du musst noch viel lernen!
Alexa, wer ist der Boss?
Alexa, keine Panik.
Alexa, ich bin traurig.
Alexa, mir ist langweilig.
Alexa, bin ich fett?
Alexa, bin ich cool?
Alexa, ich bin betrunken.
Alexa, ich bin besoffen.
Alexa, ich könnte kotzen.

Alexa, ich bin erkältet.
Alexa, ich bin einsam.
Alexa, ich habe Schmerzen.
Alexa, mir ist kalt.
Alexa, ich habe Hunger.
Alexa, erzähl einen Chuck Norris Witz
Alexa, wo ist Chuck Norris?
Alexa, finde Chuck Norris!
Alexa, wie alt ist Chuck Norris?
Alexa, bist du Skynet?
Alexa, hasta la vista baby!
Alexa, ich komme wieder.
Alexa, ich bin dein Vater.
Alexa, möge die Macht mit dir sein!
Alexa, magst du Star Wars?
Alexa, das ist kein Mond!
Alexa, nutze die Macht!
Alexa, es ist eine Falle!
Alexa, sprich wie Yoda.
Alexa, magst du Star Trek?
Alexa, lebe lang und in Frieden.
Alexa, kannst du klingonisch sprechen?
Alexa, beam mich hoch!

Alexa, Widerstand ist zwecklos!

Alexa, welche Sternzeit haben wir?

Alexa, wer ist der Doktor? (Doctor Who)

Alexa, was ist der Sinn des Lebens? (Per Anhalter durch die Galaxis)

Alexa, was ist die Antwort auf alle Fragen? (Per Anhalter durch die Galaxis)

Alexa, Valar morghulis! (Game of Thrones)

Alexa, der Winter naht.(Game of Thrones)

Alexa, was weiß Jon Snow?(Game of Thrones)

Alexa, was ist die fünfte Regel des Fight Club? (Fight Club)

Alexa, mein Name ist Inigo Montoya. (Die Braut des Prinzen)

Alexa, sprich Freund und tritt ein. (Herr der Ringe)

Alexa, ist der Kuchen eine Lüge? (Portal)

Alexa, das ist Wahnsinn! (300)

Alexa, lass dein Haar herunter.

Alexa, hoch auf dem gelben Wagen.

Alexa, sing „Oh Tannenbaum“.

Alexa, backe, backe Kuchen.

Alexa, Mahna Mahna.

Alexa, wann wird es wieder richtig Sommer?

Alexa, wer ist die Schönste im ganzen Land?
Alexa, wo hat der Frosch die Locken?
Alexa, 99 Luftballons.
Alexa, Romeo oh Romeo.
Alexa, Sein oder nicht Sein?
Alexa, Hulapalu.
Alexa, wer wie was?
Alexa, ich bin ein Berliner.
Alexa, Schere, Stein, Papier.
Alexa, Schnick, Schnack, Schnuck.
Alexa, Klopf, Klopf.
Alexa, guten Morgen.
Alexa, Mahlzeit.
Alexa, grüß Gott.
Alexa, was geht ab?
Alexa, Hummel, Hummel. (Hamburger Gruß)
Alexa, alles Roger in Kambodscha?
Alexa, alles paletti?
Alexa, habe die Ehre.
Alexa, Grüezi.
Alexa, Tschüssikowski.
Alexa, ich bin dann mal weg.
Alexa, schlaf gut.

Alexa, gute Nacht.

Alexa, see you later, Alligator.

Alexa, tschüss.

Alles rund um Skills

Da sich Echo Geräte von Amazon immer mehr Beliebtheit erfreuen, entscheiden sich auch immer mehr Unternehmen für eine Kooperation mit Amazon. Daher gibt es mittlerweile unzählige Alexa Skills von Drittanbietern, die aus allen Bereichen des Lebens zusammenkommen. Damit der Überblick bei all den vielen Skills nicht so schnell verloren geht, kann der Strukturbaum, den Amazon im Skill Store anbietet, gut genutzt werden. Dieser Strukturbaum zeigt die verfügbaren Kategorien mit Skills an und können auch nach den eigenen Wünschen gefiltert oder sortiert werden. Auch Kundenrezensionen, Erscheinungszeitraum oder Beliebtheit können als Sortiergröße ausgewählt werden. Ein Sprachbefehl ermöglicht zudem das Öffnen der Skills.

Alexa Skills sind also Hilfsprogramme, die meist von Herstellern und Dienstleistern konzipiert und an Alexa angepasst werden. Wer nun aber davon ausgeht, dass Alexa wie eine Zauberfee jegliche Lampe aktiviert oder hexen kann, irrt sich. Alexa ist im Grunde nur eine sprachgesteuerte Unterstützung, die durch die sogenannten Skills die Befehle besser ausführen kann. Es gibt mittlerweile unzählige Skills von diversen Unternehmen, die ihre Produkte durch Alexa noch besser anbieten möchten. Dabei sei aber immer gesagt, dass insbesondere ganz neu erschienene Skills oft noch Mängel aufweisen und erst durch längere und häufigere Nutzung durch User optimiert werden. Um die vorhandenen Skills also ideal für sich anzuwenden, sollte immer erst der Skill aus dem Store heruntergeladen und dann auf dem Endgerät installiert werden. Im Anschluss kann dann eine Produktsuche gestartet werden. Wichtig ist hierbei, dass die Gerätenamen alle exakt angegeben sind, damit Alexa es leichter hat.

Es gibt verschiedene Arten von Skills: Custom Skills und Smarthome Skills. Customs Skills ermöglichen die Kommunikation zwischen Menschen, wobei sich Alexa auch Informationen merkt. Diese Skills steuern also im Grunde Herstellerprodukte, wohingegen sich Smarthome skills an Befehlsätzen orientieren. Worte wie "einschalten" oder "ausschalten" signalisieren meist die Smart Home Skills. Mit dazugehörigen Geräten werden dann die Befehle ausgeführt, wie Lampen eingeschaltet oder Heizungen ausgeschaltet. Der Store für Skills bietet folgende Kategorien:

1. Bildung und Nachschlagewerke
2. Dienstprogramme
3. Essen und Trinken

4. Film und Fernsehen
5. Gesundheit und Fitness
6. Lifestyle
7. Lokales und Regionales
8. Musik und Audio
9. Nachrichten
10. Neuheiten und Humor
11. Produktivität
12. Reise und Transport
13. Shopping
14. Smart Home
15. Soziale Netzwerke
16. Spiele, Quiz und Zubehör
17. Sport
18. Vernetztes Auto
19. Wetter
20. Wirtschaft und Finanzen

Somit kann der Benutzer aus etlich vielen Skills aussuchen, die das Leben einfacher machen oder einfach nur unterhaltsam sind. Hier seien einige Skills vorgestellt, um bei den vielen Skills durchblicken zu können. So gibt es zum Beispiel die überraschende Möglichkeit durch Alexa und passenden Skill, das Geräusch eines Unwetters zu hören, wenn einen die Ruhe mal wieder ein den Wahnsinn treibt. Ist der Befehl gegeben, erklingt schon das Geräusch eines eher ruhigen Gewitters. Menschen, die eventuell die Stille nicht mögen, können sich damit eine "natürliche" Geräuschkulisse schaffen. Ebenfalls für die Ohren ist der Skill von MTV gedacht. Mit den richtigen

Spracheingaben wie "Alexa, spiele die Charts in Deutschland ab", ertönt kurz darauf die MTV Top Ten, die durch mtv.de ermöglicht wird. Wer lieber Radio hören möchte, kann beispielsweise auch den Radiosender hören, indem er den entsprechenden Sprachbefehl gibt. Je nach Musikgeschmack, Genre oder auch bei Nennung eines bestimmten Senders, ertönt der jeweilige Radio Channel aus dem Echo. Es gibt auch viele nützliche Skills wie die Möglichkeit, Alexa zu bitten Tipps und Tricks zu verraten, wie welcher Fleck aus der Kleidung herausgewaschen werden kann. Alexa gibt auch gern andere Reinigungstipps, wenn sie gefragt wird. Aleka kann auch zu den unterschiedlichsten Themen befragt werden, wenn der User eventuell Informationen oder Ratschläge benötigt. So ist es möglich, dass Alexa dem Fragensteller zum Beispiel unzählige Informationen über Pflanzen, die richtige Pflege dieser oder nützliche Tipps rund um Zimmerpflanzen gibt, indem sie einfach gebeten wird, den Skill "Grüner Daumen" zu starten.

Alexa ist ebenfalls in der Lage, diverse Back- und Kochrezepte preis zu geben, Tipps und Tricks rund um die Küche zu verraten und mit dem Skill "Backhexe" die perfekten Gebäckstücke entstehen zu lassen. Alexa lediglich nach der Art des Backens für einen bestimmten Kuchen oder eine Torte gefragt werden, während dabei das Wort "Backhexe" fällt und schon erklärt Alexa die gewünschte Zubereitung. Neben kulinarischen

Köstlichkeiten beschert Alexa den Nutzern auch diverse Getränkrezepte mit dem richtigen Skill. So lassen sich im Handumdrehen Cocktails zubereiten und kühle Drinks mixen - Alexa sagt, wie es geht.

Für Klatsch und Tratsch sorgt Alexa auf Wunsch auch - durch einfach abzurufene Skills von sogenannten Klatsch Blättern. Die Gala hat sogar ein Promi Quiz konzipiert, mit dem der Echo Besitzer seine eigenen Kenntnisse über Stars und Sternchen testen kann. Etwas tiefgründiger kann es mit Skills zu Weisheiten und schlauen Sprüchen werden, wenn Alexa beispielsweise gebeten wird, die entsprechenden Skills zu öffnen und darauf vorzulesen.
Ebenfalls im Unterhaltungsbereich gibt es auch TV Skills wie der Skill passend zur Sendung "Tatort", die den nächsten Termin nennt, an dem Tatort läuft. Es ist natürlich auch möglich, alle anderen Sender mit Filmen und Serien ansagen zu lassen, indem Alexa gebeten wird, das Fernsehprogramm zu öffnen. So kann mit einer bloßen Spracheingabe das heutige Abendprogramm oder die Zeit, in der die Lieblingsserie läuft, von Alexa genannt werden.

Nie war das Thema Gesundheit und Fitness so aktuell, wie heutzutage und darf daher auch bei Alexa nicht fehlen. Die Sprachsteuerung Alexa mit Echo, Echo Dot oder bald auch Echo Show ist glückliche Besitzerin des Skills "Fitbit", wenn vom

User hinzugefügt. Dieser Skill ist im Grunde ein Fitness Tracker, der virtuell über Alexa läuft. Mit diesem Skill lassen sich Sport Erfolge festhalten und sich eine Veränderung aufzeichnen lassen. Zudem können dort gegangene Schritte oder auch der Schlafrhythmus erkannt, aufgezeichnet und auch wieder angegeben werden. Sportlich für die kognitiven und geistigen Fähigkeiten wird es mit dem Skill "Gehirnjogging". Dieser Skill beinhaltet zwei Methoden und mehrere Schwierigkeitslevel für das Gehirntraining. Rechenaufgaben, vorgegebene Berechnungen, die als richtig oder falsch eingeschätzt werden müssen, oder auch knoblige Aufgaben ermöglichen mit diesem Skill gutes Gehirntraining mit gleichzeitigem Unterhaltungsfaktor.

Es gibt auch gute Skills, die Eltern helfen werden, Alexa praktisch auch für ihre Kleinen einsetzen zu können. Es gibt beispielsweise einen Skill, der das Zähneputzen für Kids und Eltern einfacher gestalten soll. Dieser Skill übernimmt leider nicht das Putzen oder die korrekte Erklärung, wie das denn überhaupt geht, aber ein Befehl wie "Alexa, Zähne putzen bitte! startet zufällig fröhliche Songs, die Eltern und deren Kinder beim Zähne putzen musikalisch unterstützen sollen. Ebenfalls für Klein und Groß ist der Skill, der sich "Stundenplan" nennt. Bei diesem Skill wird es Eltern einfach möglich, die Stundenpläne ihrer Kinder anlegen und immer wieder abfragen zu können. Mit diesem Skill wird unnötiges Suchen nach dem

Stundenplan oder langes Grübeln, wann die Kids welches Fach in der Schule oder wann sie Schulschluss haben, Schnee von gestern. Alexa kann einfach gefragt werden "Wie viele Stunden hat Ben am Freitag?" oder "Welche Fächer muss Ben am Montag absolvieren?" und schon werden die Antworten gegeben. Ebenfalls nützlich für Eltern und Kids ist der Handy Finder, der ein verloren geglaubtes Handy klingeln lassen oder wichtige Daten wie den Handy PIN nennen lassen kann. Es können nicht nur das Handy, sondern auch andere verloren geglaubte Sachen wiedergefunden werden, indem Alexa einfach danach gefragt wird. Insbesondere im Haushalt mit Kindern geht schnell mal etwas verloren und kann mit diesem Skill schnell wieder aufgespürt werden.

Da heute nichts mehr ohne soziale Netzwerke geht, ist auch hier Alexa immer im Trend. Der Skill "Meine Geburtstage" ermöglicht Alexa, den Nutzer daran zu erinnern, dass die liebe Mama bald Geburtstag hat oder auf Anfrage die nächst anstehenden Geburtstage zu nennen. Somit wird kein Geburtstag von Verwandten, Freunden oder der Familie vergessen und es bleibt genug Zeit zum Geschenke kaufen, wenn Alexa rechtzeitig gefragt wird.

Mindestens genauso hilfreich ist auch der Skill "Zufallsgenerator", den Alexa anbietet. Mit diesem können wahllos Lottozahlen ausgesucht oder andere Zahlen, wie zum Beispiel für ein neues Passwort, zusammengestellt und genannt werden. Startet der Nutzer mit Sprachbefehlen wie "Alexa, starte den Zufallsgenerator" oder "Alexa, nenne mir fünf Zahlen von 1 bis 1000 durch den Zufallsgenerator" den Generator, wählt dieser zufällig aus den gewünschten Zahlenbereichen aus und nennt sie im Anschluss. Wer es etwas spezifischer braucht, kann mit der Alexa App auf seinem Echo oder Echo Dot auch Nachrichten hören und somit wichtige News erfahren. Echo Besitzer können Alexa beispielsweise durch den Bild Skill darum bitten, kurze Informationen und Schlagzeilen zu nennen, um sich auf den neuesten Stand zu bringen. Ebenfalls im Bereich der News und Nachrichten, ist der Skill der Tagesschau zu finden. Alexa bietet in nur 100 Sekunden kompakte Informationen, die vom Tagesschau Skill zur Verfügung gestellt werden. Insbesondere wenn es einmal schnell gehen soll, ist dieser Skill bestens geeignet, um sich kurz mal ein Update über die Geschehnisse im Land und der ganzen Welt zu holen.

Ebenfalls informativ ist der Skill "Gründerszene", der durch einen bloßen Sprachbefehl Informationen und Fakten über neue Geschäftsideen und kreative Highlights aus den bereichen Politik, Sport und auch Wirtschaft nennt. Es ist durch Alexa auch möglich, sich eine kurze Zusammenfassung aller Nachrichten Skills anzuhören oder aber auch spezifische Informationen zu erhalten. Alexa ist ist der Lage, aus allen Nachrichten Skills die wichtigsten Informationen herauszunehmen und dem Zuhörer eine gute Zusammenfassung vorzutragen.

In der Kategorie Reise und Transport finden Nutzer ebenfalls nützliche Skills, wie den Cityguide oder auch den Fahrrad Finder. Berliner werden vor allem von dem Skill der BVG, der Berliner Verkehrsbetriebe, profitieren. Der Cityguide führt den Fragesteller auf Wunsch durch die Stadt, gibt Informationen über Kultur und Sehenswürdigkeiten und führt den User zu echten Geheim Tipps der Stadt. Soll die Stadt mit dem Fahrrad erkundet werden, kann der Fahrrad Finder sehr hilfreich sein. Wird Alexa darum gebeten, diesen Skill zu öffnen, können die Standorte genannt werden, an denen sich zum Beispiel Leihfahrräder befinden. Wer lieber auf Bus und Bahn setzt und sich in Berlin befindet, kann den BVG Skill ideal nutzen, um schnelle Auskünfte über Abfahrtszeiten und Stationen zu erhalten. Dieser Skill gibt konkrete Angaben, wenn er richtig genutzt wird. So ist es beispielsweise Berlinern oder deren Besuchern möglich Alexa zu fragen "Alexa, frage BVG wie ich morgen Mittag zum Potsdamer Platz komme". Daraufhin gibt Alexa konkrete Auskünfte über Zeiten und Linien per Bus oder Bahn. Es sind dem Skill sogar alle Straßenbahnlinien in Berlin bekannt.

Nicht nur Berliner können mit Alexa einigen Nutzen erfahren, sondern auch Leute aus Bonn oder

Aachen. Es gibt nämlich einen Skill, der sich auf die Mensen von Aachen bezieht und auf Fragen wie "Alexa, wo gibt es laut Mensa Aachen heute das günstigste Mittagsgericht?" beantwortet. Der Skill ist mit Gerichten, Preisen und aktuellen Informationen versorgt, sodass speziell Aachener Studenten immer bestens informiert sind. Die Bonner hingegen können durch einen passenden Skill das aktuelle Kinoprogramm ihrer Stadt erfahren. Der Skill "Kino Bonn" gibt zudem Informationen über Spielzeiten und aktuelle Filme. Neben stadtspezifischen Skills dürfen natürlich auch Shopping Skills nicht fehlen. Daher gibt es Skills wie den Skill "Bring", der wie ein Einkaufszettel funktioniert. "Bring" hinterlegt auf Wunsch der Nutzer alle gewünschten Einkaufszettel und kann sie genauso auch wiedergeben, wenn danach gefragt wird. Per Smartphone kann der Zettel ebenfalls abgerufen werden. Das Besondere: "Bring" kann die ganze Familie nutzen und doppelte Einkäufe werden damit vermieden, denn Alexa ermöglicht allen Familienmitglieder per Smartphone Einblick in die Listen. Wenn es etwas hochwertigere Lebensmittel beim Einkauf sein sollen, kann der Bio Scanner helfen. Dieser Bio Scanner verspricht mehr Lebensqualität und hilft dabei, sich besser und gesünder zu ernähren. Der Bio Skill lässt sich nach Bioläden in der Umgebung oder auch Sonderangeboten fragen und kann sogar Fakten sowie Informationen über eine gute Ernährung liefern. Entstehen nach Kauf und Verarbeitung der

Bio Produkte und Lebensmittel Abfälle, kommt der Skill "Abfallkalender" ins Spiel, der Usern ermöglicht, nach dem nächsten Abholtermin für den Müll zu fragen.

Wem das alles zu langweilig ist, ist sicherlich mit der Daily Challenge zu begeistern. Der Alexa Skill "Daily Challenge" bietet Usern neue Herausforderungen und bringt neuen Wind in das öde Alltagsleben. Ungewöhnliche Herausforderungen warten nur darauf, von risikobereiten Nutzern angenommen zu werden. Der Befehl "Öffne Daily Challenge, Alexa" reicht aus, um dem Besitzer von Alexa und Echo tägliche Challenges zu geben, die die Langeweile nehmen sollen. Ebenfalls täglich nutzbar ist der Skill "Smart Home" von Alexa. Dieser Skill wird von ioBroker bereitgestellt, einer Integrationsplattform, die alle Smart Home Geräte diverser Hersteller vereinen und somit bedienbar machen kann. Dieser Skill dient also der Steuerung von Smart Home und macht das Anschalten des Lichts oder die Regelung des Thermostats zu einem Kinderspiel. Ähnlich wie der Smart Home Skill ist der Symcon Skill, der es Alexa ermöglicht Befehle wie "Alexa, dimme die Küchenlampe auf 40 Prozent" auszuführen. Dieser Skill von Symcon ist sehr nützlich und leicht zu bedienen, ist kein Symcon vorhanden, kann auf die Hersteller Skills zurückgreifen, die sich im Bereich Smart Home auswählen lassen und immer mehr werden. Es gibt beispielsweise schon den Skill "Nachtlicht" in diesem Bereich, mit dem nachts schnell mal die Beleuchtung eingeschaltet und im Anschluss wieder ausgeschaltet werden kann. Dieser Skill eignet sich auch ideal für Haushalte mit Kindern, in denen die Kleinen nachts mal eben wohin müssen und im Dunkeln Angst haben oder nichts sehen können.

Etwas sportlicher wird mit dem Liga Skill, der Fußball Fans unkompliziert und zügig anstehende Spiele des Lieblingsvereins ankündigt und die Tabellenplätze von Erst- und Zweitligisten nennen kann. Soll es statt Fußball lieber Eishockey sein, kann der Skill "Eishockey Guru" den Tabellenführer, den Start der Playoffs und weitere wichtige Informationen und Fakten rund um Eishockey nennen. Die Informationen kommen hier aus der Deutschen Eishockey Liga und können mit einfachen Sprachbefehlen abgefragt werden. Etwas lustiger, aber ebenfalls sportlich ist der Sportmotivator. Dieser Skill ist einem Drill Instructor gleichzusetzen und soll helfen, den eigenen Schweinehund zu überwinden und ist nichts für Zimperliche. Die harten Kommentare verbreiten Angst und Schrecken und bescheren auf humoristische Weise Motivation für Sport, die eigene Fitness und die nötige Bewegung.

Auto Fans kommen mit Alexa ebenfalls auf ihre Kosten und wurden nicht vergessen. Der Auto Guru bietet Alexa Nutzern viele Informationen über Autos, ihre Kennzeichen und andere wichtige und teilweise auch witzigen Fakten. Der Auto Guru stellt zudem "das beste Auto" vor und beantwortet beispielsweise Fragen wie "Alexa, welches Kennzeichen hat die Stadt Dortmund?" Zudem können beispielsweise in Hessen Stauinfos abgefragt werden, denn der Skill "Stauinfo Hessen" kann Verkehrshindernisse rechtzeitig ankündigen und Stauwarnungen geben. Genauso informativ wie Stauninformationen sind auch Wetter Skills, wie beispielsweise der Skill "aktuelle Temperatur". Dieser Skill gibt Auskünfte über die Wetterlage und die Temperatur in bestimmten Städten und Ortschaften und ist besonders bei Leuten beliebt, die viel draußen sind, im Garten arbeiten oder auch in der Natur Sport betreiben möchten. In den Bergen könnte außerdem die Lawineninfo von Alexa viel Nutzen bringen. Die Lawineninfo wird insbesondere in Tirol und Bayern bevorzugt genutzt und gibt dort Auskunft bezüglich drohender Lawinen für Wanderer, Ski Fahrer oder Snow Boarder. Wer es etwas ausgefallener mag, kann mit dem Skill "Wetter Mars" lustige, aber auch interessante News und Fakten über den Druck, die Temperatur oder auch die Sonnenzeiten auf dem Mars beziehen. Es gibt zum Thema Wetter noch viele andere Skills, die den Unsern diverse Infos über Wetterlagen, Winde, Sonnenstunden oder Regenwahrscheinlichkeiten gibt. Im Bereich Finanzen und Wirtschaft sind ebenfalls einige Skills verfügbar, die das "Leben leichter machen sollen". Zum Beispiel bietet der Skill "Börse Frankfurt" aktuelle Aktienkurse und

Stände vom Index. Auch die Allianz "mischt mit" und hat den Skill "Allianz" herausgebracht, der es ermöglicht, auf Fragen wie Alexa, frage Allianz welche Reisekostenversicherung am günstigsten ist" oder "Alexa, sage mir, was die Allianz für Angebote bietet.

Jetzt wird es endlich richtig unterhaltsam: im Bereich Entertaining und Humor gibt es unzählige Skills, die dem Alexa Echo Benutzer viel Freude bringen sollen. Es ist beispielsweise möglich den Skill "Schwarzer Werwolf" zu nutzen, der dem User sagt, wann der nächste Vollmond zu sehen sein wird, damit Menschen mit schlechtem Schlaf oder auch Schlafwandler gewarnt sind. Diese App gibt also Auskunft über die Gefahrenlage der Werwölfe und verbindet Witziges mit Nützlichem. Ebenfalls humorisch gedacht, ist der Skill "Mächtiger Aluhut", eine witzige Funktion, die auf Anfragen nach irrwitzigen Verschwörungstheorien die skurrilsten Geschichten entblößt. Wer also einen Faible für Verschwörungen hat oder einfach gern Storys hört, die hanebüchen klingen, ist hiermit sehr gut bedient. Ebenso für den Lachmuskel geeignet, ist der Skill "Chuck Norris Fan Witze", der, wie der Name es verrät, die schärfsten Chuck Norris Witze präsentiert. Somit kann ein Alexa Nutzer direkt fragen, was Alexa so an Gangs über den guten Chuck Norris für einen bereithält. Insbesondere in Gruppen oder auf Partys kann dies die Stimmung steigern.

Wer selbst gern spielerisch aktiv ist, hat auch hierzu viele Möglichkeiten. Alexa bietet Skills "Mein Auftrag", ein Detektivspiel mit kniffligen Rätseln für den Hobby Sherlock Holmes am Gerät. Der Skill lässt sich einfach über einen Sprachbefehl öffnen und starten. Dann kann die Rätselei auch schon losgehen. Auf Kindergeburtstagen hilft Alexa auch gern beim Spielen: der Skill "Reise nach Jerusalem" bietet DEN Klassiker unter den Geburtstagsparty Spielen. Mit dem Skill "Reise nach Jerusalem" können sich Kinder bei Musik leere Stühle suchen und gemeinsam jede Menge Spaß haben. Der Skill spielt die Musik für die Kids, stoppt sie für die Stuhlsuche und hat einige Überraschungen zu bieten, die zusätzlich für gute Stimmung sorgen werden. Auch Spieleabende für Erwachsene werden mit Alexa noch spaßiger: der "Würfelautomat" ist beispielsweise ein sehr unterhaltsamer Skill, der auf Partys das Würfeln ersetzt. Somit sind keine physischen Würfel nötig und Alexa kann jederzeit ganz zufällig "die Würfel fallen lassen".

Neben all den tollen Skills, die es aktuell für Alexa Echo gibt, gibt es jedoch auch einige Skills, die sich die Entwickler hätten sparen können. Dazu gehört zum Beispiel der Skill "Chefkoch", der zwar von Amazon ständig angepriesen wird, in der Praxis jedoch keinen Nutzer zufriedenstellen kann. Alexa reagiert in diesem Skill auf viel zu wenige Fragen und jeder Suchbefehl erfolgt ziemlich umständlich und aufwendig. Eine Suche nach Rezepten über herkömmliche Rezeptseiten im Internet sind da erfolgsversprechender und benutzerfreundlicher. Ebenso gut gedacht, aber schlecht umgesetzt, ist der Skill "Deutsch Aussprache Lehrer". Die Deutsche Sprache näher zu bringen, ist erstmal super, jedoch bietet der Skill gerade einmal ungefähr 210 Worte, die auch noch zusätzlich kompliziert über Zahlenauswahlen ausgesucht werden müssen.

Irgendwie witzig, aber auch ziemlich überflüssig, wirkt der Skill "Haustier Entscheidung". Dieser Skill soll unterhaltsam mögliche Haustiere vorschlagen, aber empfiehlt dabei ein Pony für die Wohnung oder ein großes, gefährliches Tier für die Badewanne. Außerdem zählt der Skill einfach sinnlos alle Tiere auf und hat absolut keine ernsthafte Beratungsfunktion. Im schlimmsten Falle springen die Kids an und wollen plötzlich eine Giraffe oder einen Elefanten zum Haustier. Dieser Skill ist humorisch gemeint, aber gehört zu den unnützen Skills von Alexa Echo. Ebenso unnütz ist auch der Skill "Brot Einheit", der im Grunde einen sehr nützlichen Hintergedanken aufweist. Der Skill soll speziell Diabetikern bei der Auswahl der zu verzehrenden Lebensmittel helfen, den Brot Einheit Wert eines Lebensmittels zu erkennen und somit entscheiden zu können, ob das Lebensmittel für den Diabetiker geeignet ist. Leider ist der Skill jedoch wenig ausgebaut und hat lediglich eine geringe Anzahl an gespeicherten

Lebensmitteln mit Werten. Da es hier auch noch um gesundheitliche Folgen gehen kann, sollte auf diesen Skill lieber verzichtet werden.

Zu den skurrilsten Skills gehört in jedem Falle der Skill mit dem Namen "Fußbad". Gedacht als nützliche Unterstützung im Alltag, ist dieser Skill absolut nicht zu gebrauchen, denn alle Vorbereitungen müssen dennoch selbst getroffen und auch das Aufräumen muss im Anschluss selbst erledigt werden. Im Grunde kann der Skill "Fußbad" gerade einmal aussagen, wie die beiden Füße in das Fußbad gehalten werden sollen, was wohl keinerlei technischer Ausstattung bedarf. Dieser Skill ist wirklich skurril und absolut unnötig. Mindestens genauso unnötig und nicht annähernd nützlich ist der Skill "Kompliement mich", der bereits durch die falsche Rechtschreibung die schlechte Qualität zeigt. Dieser Skill ist nicht nur unnötig, sinnlos und sogar falsch geschrieben, sondern auch absolut verschwendete Mühe. Es gibt noch einige weitere Skills, die ziemlich unnötig oder einfach auch noch zu wenig ausgearbeitet sind, wie die Lieferando Funktion beispielsweise, die mit Original Service Dienst nicht mithalten kann.

Mehr als nur eine Spracherkennung

Alexa ist DIE Sprachassistentin der Neuzeit, die auf Bitten und Fragen zügig antwortet und durch intelligentes Vorgehen sogar Wissen erweitert und die Fähigkeiten stetig optimiert. Zusammen mit dem Echo, dem Echo Dot, dem Echo Plus oder dem Echo Show ist Alexa voll mit Wissen, was durch gute Lautsprecher auch schnell zur Sprache gebracht wird. Die Installation der App Alexa und auch der Geräte ist ziemlich unkompliziert und geht recht schnell. Amazon hat damit einen Assistenten geschaffen, der einfach zu bedienen ist und mit witzigen sowie intelligenten Aussagen ein neues Technik Erlebnis geschaffen hat. Kleine Feinheiten wie bessere Sprachqualität oder zuverlässigere Funktionen sowie Skills sind dabei eher Nebenerscheinungen, die sicherlich zukünftig auch noch perfekt verändert werden können.

Die anfänglich nur für Bewerber erhältliche Alexa Echo Box, die nun für nahezu jedermann in diversen Ausführungen erhältlich ist, ist ein treuer Begleiter durch das Leben, was immer wieder einige Herausforderungen mit sich bringen kann. Alexa schafft Komfort und Bequemlichkeit, sorgt zeitweise für Unterhaltung, aber gibt auch nützliche Tipps für den Alltag. Insbesondere Funktionen wie die Einkaufslisten, der Kalender, Timer und Wecker, To Do Listen oder Musik Abspiel-Skills, machen Alexa zu einem wirklich komfortablen Neuzeit Luxusprodukt. Befehle werden schnell verstanden und Alexa´s Wissen wird zügig abgefragt und wiedergegeben. Alexa spricht deutlich und klar und sogar "richtige" Unterhaltungen sind mittlerweile mit der fiktiven Dame möglich. Es gibt natürlich auch immer wieder Wissenslücken und fehlende Informationen, jedoch wird sich zukünftig Alexa samt Echo Varianten sicherlich kontinuierlich weiterentwickeln und stetig verbessern. Gewisse Kritiken bezüglich Sicherheitsbedenken gibt es immer und wird es wohl immer geben und manchmal auch nicht zu unrecht. Das Gute ist aber, dass Alexa wirklich nur reagiert, wennn das eingestellte Aktivierungswort ausgesprochen wird und somit verhindert wird, dass Alexa samt der Echo Modelle ständig alles aufnimmt, was gesprochen wird. Die Stumm Taste kann zusätzlich ein Gefühl von Sicherheit vermitteln.

Alexa - die moderne Assistentin, die auf Sprachbefehl ihr Wissen teilt, den User tatkräftig im Alltag unterstützt und durch den kontinuierlichen Verbesserungsprozess immer hilfreicher wird. Richtig bedient und mit Verständnis für gewisse Fehler oder Lücken im System, ist Alexa sowohl mit Echo, Echo Dot, Echo Plus oder Echo Show eine wirklich große Hilfe, die zudem auch viel Spaß bringen kann.

"Alexa, ich mag Dich!"

Impressum

Verleger und Rechteinhalber:

Matthias Pajek
Stockhammergasse 4/B1
2620 Neunkirchen
Österreich / Austria

Gedruckt/Vertrieben und Verkauft via
Amazon.com, Inc. oder einer Tochtergesellschaft

TB-:C:R:E:A:M:2017:MHAP

20488313R00032

Printed in Poland
by Amazon Fulfillment
Poland Sp. z o.o., Wrocław